AF224232

EXAMEN

DU PROJET DE LOI

sur les

BANQUES COLONIALES,

PAR **Ch. FERY DESCLANDS.**

PARIS,

IMPRIMERIE DE MOQUET,

RUE DE LA HARPE, 90.

—

1851

EXAMEN
DU PROJET DE LOI
SUR LES
BANQUES COLONIALES.

L'étude des questions coloniales présente souvent à l'observateur des anomalies, dont la plus frappante est l'état de décadence de ces intéressantes contrées, en présence du fait incontestable de la fertilité de leur sol et de la faveur dont jouissent leurs produits. Nous savons que le système de tarification des denrées exotiques, l'élévation du prix de la main d'œuvre, sont de nature à expliquer ce problème; mais ce que l'on ignore généralement, c'est la cruelle influence qu'exerce sur le planteur l'intérêt fabuleux qui lui est imposé par le capitaliste dont la tête est placée dans les ports d'armements. La création des banques, dans les colonies, serait donc un grand bienfait, et pourrait être considérée comme le prélude de leur régénération future.

Quoique les attaques qui sans cesse leur étaient livrées dans la métropole fissent pressentir aux colons l'affranchissement des noirs, ils avaient espéré que l'État ne se déciderait jamais à opérer ce grand œuvre sans préparation.

Le gouvernement provisoire, né de la révolution de février, l'a accompli brusquement, et par ce fait, qui n'a pas de précédent, a plongé les colonies dans un abime sans issue.

L'Assemblée nationale, frappée des malheurs produits par cette mesure précipitée, dans la pensée de les combattre, avait prescrit lors du vote de la loi sur l'indemnité, l'organisation du crédit public au moyen d'un prélèvement d'un 8ᵉ des rentes 5 0ⁱ0 constituées à l'occasion de l'émancipation des noirs.

Les colons ont apprécié la portée de cette institution financière qu'ils appelaient depuis longtemps de leurs vœux; mais ils n'ont pas accepté, sans protestation, le système au moyen duquel elle doit être établie. Il a fallu la plus étrange confusion des idées, en matière d'économie politique, et l'abus de la force pour obliger une partie de la société française à former, de par la loi, une société anonyme dans un but d'intérêt général, et à subir les conditions de cette société imposées en violation des dispositions formelles du Code du commerce.

1851

Projet de fondation des banques. Le gouvernement, après des lenteurs obligées, nous aimons à le croire, mais regrettables, a saisi l'Assemblée nationale d'un projet de loi sur cette grave matière. La commission législative, en l'examinant, a eu tout d'abord à se prononcer sur la question de savoir si l'indemnité coloniale constituant une propriété privée, il était permis, même à la loi, d'en disposer sans le consentement des propriétaires. La minorité de la commission n'a pas hésité à se prononcer pour la négative; mais M. le rapporteur, interprète de l'opinion de la majorité, a déclaré :

« que l'indemnité n'eût pas été votée sans la condition d'affectation » d'une partie de son chiffre à la formation des Banques coloniales, » et que personne n'a nié que le grand acte d'émancipation ne pût » et ne dût s'opérer législativement aux conditions spéciales déter- » minées par le législateur. »

Il y a ici une erreur de principe facile à relever. L'Assemblée nationale pouvait bien, contrairement à la pensée des colons, régler législativement l'acte d'émancipation; mais cette substitution de sa juridiction à celle des tribunaux ne pouvait pas avoir pour effet d'enlever aux parties intéressées le bénéfice des lois éternelles qui protégent la propriété. Nous ne pouvons admettre que ce changement de juridiction donnât au pouvoir législatif une omnipotence telle qu'il eût le droit de substituer sa volonté aux lois, ou bien « qu'il pût » fixer, en quelque sorte à forfait, le montant de l'indemnité. »

Ce sont là des subtilités que les esprits droits n'acceptent pas. Nous eussions cru au contraire que la solennité de ce jury d'honneur imprimerait à son œuvre une solution digne de la France.

Qu'on nous permette de le dire, l'indemnité est un principe clairement défini par la doctrine et par la loi; son chiffre dépend de l'appréciation de l'expert, mais en elle même elle constitue une propriété ordinaire et sans condition.

L'opinion de l'Angleterre sur le caractère de l'indemnité, sanctionnée par un vote de 500 millions, ne reconnaît de chiffre équitable que celui du prix de revient, et de condition que celle du paiement préalable. Cette opinion a eu d'honorables et de nombreux adhérents en France. Nous pourrions citer les noms les plus considérables et les plus vénérés; nous nous contentons de signaler à l'attention du lecteur les lumineux articles publiés sur cette grave matière par l'honorable M. Galos que les colonies, nous avons le regret de le dire, ont quelquefois trouvé dans les rangs de leurs adversaires.

Passant à un autre ordre d'idées, la commission de l'Assemblée législative a pensé que la loi du 30 avril, ayant donné au prélèvement du 8e de l'indemnité une destination spéciale, il n'était plus possible de changer cette destination.

Cet argument n'est pas sérieux ; la disposition dont il s'agit est du nombre de celles que le législateur peut toujours améliorer ; et, disons-le, il se présentait ici une heureuse occasion de rapporter l'art. 7 de la loi du 30 avril, déjà modifiée et dont la commission demande encore la révision.

Nous savons que le gouvernement déclare que la formation des Banques éprouverait de grandes difficultés sans l'intervention d'un vote financier spécial. Nous reconnaissons la vérité et la puissance de ce fait ; mais nous ne pouvons nous résoudre à admettre que les indemnitaires soient contraints de lever à leurs dépens ces grands obstacles, et de faire les frais d'une mesure d'intérêt public.

Capital des Banques coloniales. — Le gouvernement avait fixé le capital des Banques des trois principales colonies à 2 millions, et celui de la Guyane à 400,000 francs, soit 320,000 fr. de rente à 5 p. 0|0. La commission parlementaire propose d'élever ce capital à 9,700,000 francs dont 3 millions pour chacune des colonies de Bourbon, de la Guadeloupe et de la Martinique, et 700,000 pour la Guyane. Ce capital est divisé en 320,000 fr. de rentes 5 0|0 au capital de 6,500,000 fr., fournis immédiatement par les indemnitaires, et en un appoint de 3,200,000 fr. à réaliser dans l'année, au moyen de souscriptions volontaires ; à défaut de ce concours, ce supplément doit être fait par le fonds du 8e de réserve.

Le système du gouvernement nous paraît mieux répondre aux véritables besoins des colonies, et à l'intérêt des indemnitaires.

Le chiffre du capital nécessaire au fonctionnement d'une banque dépend de l'importance des opérations qu'elle est destinée à entretenir par le crédit. La commission a produit à cet égard des appréciations qui, quoique exagérées, peuvent servir de base à l'opinion du législateur ; elle évalue le mouvement annuel des affaires des colonies à 100 millions dans leur situation normale. Toutefois nous devons dire que depuis 1848, les colonies ne produisent que la moitié de leurs anciens revenus (notes officielles). Les exportations de la France aux colonies, qui, en 1845, 1846 et 1847 se sont élevées à 56, 60, 52 millions ont beaucoup diminué. Sans doute cette position s'améliorera, mais on commettrait une grave erreur si l'on espérait qu'elle dût reprendre son ancienne assiette.

Et d'ailleurs, quand il serait vrai que le mouvement actuel ou prochain des affaires des colonies dût être évalué à 100 millions, l'expérience des Banques d'Europe, que l'on cite pour exemple, démontre, de l'aveu de la commission, que le capital proposé par le gouvernement répondait suffisamment aux besoins des colonies. En effet, les Banques pourvoient ordinairement aux 3/5ee du mouvement des affaires, soit 20 millions pour chaque grande colonie ; or, le capital en numéraire donnant lieu à une émission de billets du double de sa valeur, chaque comptoir doit avoir une circulation de 4 millions, chiffre égal au chiffre nécessaire en Europe pour répondre au mouvement de 20 millions. Nous devons ajouter que la nature des opérations des colonies exige une circulation en numéraire moins considérable qu'en Europe. Beaucoup de marchés se font à terme et sur la récolte.

Il est vrai que la commission admet que les Banques coloniales seront obligées de faire des crédits beaucoup plus longs que ne les consentent les établissements analogues en France, en raison des prêts sur connaissements, dont la réalisation exige six à douze mois; d'où elle conclut que leur capital doit être proportionnellement supérieur à celui des Banques d'Europe. La commission se méprend sur l'importance des prêts de cette nature. Ils n'auront lieu que dans des moments de crise extrême. On n'expédie presque jamais volontairement sa récolte. Le projet de loi sur la tarification des sucres promettant aux colonies un règlement d'impôt équitable, le cours de cette denrée deviendra plus régulier et généralisera le système des ventes sur place.

L'exagération du capital des comptoirs priverait les indemnitaires d'une portion de la réserve dont ils réclament la restitution, et établirait des encaisses improductives. Le système proposé par le gouvernement n'exclut pas d'ailleurs la faculté de faire appel à des souscriptions volontaires, s'il était nécessaire.

Excédent du huitième réservé. — En nous expliquant sur le premier capital de fondation des Banques, nous n'avons pas parlé du sort définitif de l'excédent du huitième réservé à cet effet à titre de prévision. Cette prévision n'a jamais été qu'approximative. En conséquence, quand l'expérience aura permis de fixer le chiffre nécessaire pour le service de ces établissements, les colons devront être mis en possession du surplus.

Aliénation du fonds de réserve. — L'art. 7 de la loi du 30 avril prescrivait le dépôt du huitième d'indemnité dans les caisses des Banques pour tenir lieu de garantie des billets qu'elles seraient autorisées à émettre. Cette obligation rendait impossible l'aliénation ou l'engagement des rentes délivrées. Il résulterait de là que les billets de circulation ne pouvaient pas être remboursés à présentation. De graves difficultés pouvaient surgir de cette situation. Ce papier était frappé d'une dépréciation complète, et le crédit de la Banque était étouffé à sa naissance.

Le gouvernement eût sans doute été contraint de donner un cours forcé aux coupons. C'était organiser la perturbation dans toutes les transactions coloniales.

La loi votée le 30 juillet dernier, en autorisant la conversion immédiate, en inscriptions de rentes, des certificats de l'indemnité a permis d'éviter les inconvénients que nous venons de signaler.

Comme complément nécessaire à cette mesure, le gouvernement propose une disposition ainsi conçue : « Par dérogation à » l'art. 7 de la loi du 30 avril 1849, les banques coloniales pour- » ront aliéner ou engager les rentes qui leur seront délivrées. »

Cours légal. À côté de l'obligation imposée aux banques de rembourser leurs bons à présentation se place le caractère de *monnaie légale* donné aux billets de banque. La commission du conseil d'État a pensé que ce système, « qui n'est ni le cours forcé propre- » ment dit, ni la liberté, aurait pour effet de frapper à l'avance de » suspicion le crédit des banques, et ne remédierait en rien aux » dangers que l'on redoute de l'exportation du numéraire. »

Nous serons toujours des premiers à combattre toute réforme qui tendrait à ébranler la confiance ou à faire violence à la liberté des transactions, mais nous ne pouvons croire que la mesure dont il s'agit ait ce caractère. On ne doit pas douter que l'établissement des banques ne soulève l'antagonisme des capitalistes et des ports d'armements qui profitent de l'élévation du taux de l'intérêt. Or, ces adversaires nés de la création du crédit public aux colonies « en raison de leur petit nombre et de la nature restreinte des loca- » lités, seraient en état de se coaliser pour refuser de recevoir le » papier émis. Ce refus pourrait avoir une influence fâcheuse sur » des populations peu familiarisées avec les institutions du crédit, » et jeter, pendant les premières années, de l'hésitation dans les » esprits. Le cours légal aura pour effet de prévenir ces résistances » intéressées, et d'assurer aux banques, dès l'origine, le plein déve- » loppement de leur circulation (Exposé des motifs).

Le discrédit qui s'est toujours attaché au cours forcé du papier, sans remboursement à présentation, est naturel et légitime. Il n'en est pas de même d'un système qui, en définitive, transforme les billets de banque en bons à payer immédiatement à la volonté du porteur. L'Angleterre, si avancée dans les questions d'industrie et de crédit public, est entrée dès 1833 dans ce double principe du cours légal et du remboursement.

On sait quelle a été l'influence de la banque de France dans le rétablissement de l'ordre et des affaires après la révolution de Février. Son crédit n'a pas failli un instant ; et pourtant, à ce moment ses billets de circulation ont été déclarés monnaie légale, en même temps qu'on autorisait la suspension des remboursements en espèces. Mais hâtons-nous de dire que la banque de France n'a pas fait usage de cette faculté maintenue à son profit législativement jusqu'en août 1850, et elle a dû à cette sage et honorable résolution le maintien et le développement de sa position.

Coupures du papier de circulation.—Le gouvernement dans son projet primitif avait adopté des coupures de 500, 100 et 20 fr.; le conseil d'État propose d'ajouter une nouvelle coupure de 5 fr. Le département de la marine a maintenu cette modification dans son projet définitif. Ses motifs sont simples ; le travail salarié nécessite des paiements fractionnés très multipliés ; le régime économique des colonies produit souvent des crises de numéraire qui entravent la satisfaction des besoins les plus usuels, et qui compromettent la discipline des ateliers. Il est donc nécessaire de créer « un instrument » de circulation de valeur assez réduite pour répondre à ces be- » soins. »

La commission repousse les coupures de 20 fr. et de 5 fr. par le motif que les petits billets auraient pour résultat de chasser les appoints métalliques qui leur sont supérieurs ; elle n'admet en minimum que le billet de 25 fr. S'il s'agissait de créer une masse de coupures égales aux besoins de la circulation, le danger signalé par la commission pourrait être redouté ; mais les colons ne demandent qu'une faible émission de cette nature, c'est-à-dire ce qui sera jugé strictement nécessaire pour les paiements des salaires de leurs travailleurs fractionnés chaque mois.

La commission, en traitant cette matière, s'est appuyée sur des principes incontestables en théorie financière, mais sans tenir compte du fait colonial, qui facilite le renouvellement du numéraire : la production exotique, relevée des chiffres officiels du département de la marine en 1845, 1846 et 1847, est d'environ 60 millions de francs. Le montant des exportations de France est de 40 millions. Les exportations des colonies à l'étranger s'élèvent à 9 millions.

En conséquence, l'excédent des productions coloniales est de onze millions.

Cet excédent amène une certaine quantité de numéraire à laquelle il faut ajouter onze à douze millions que la métropole expédie pour son service particulier.

Nous ne nions pas que l'obligation dans laquelle les colonies se trouvent d'expédier du numéraire à l'étranger, pour des besoins en vivres et objets de consommation, et d'opérer des remises en France ne détermine souvent des crises et des agiotages; cette objection fait sentir la nécessité de créer une monnaie locale qui soit à l'abri des fluctuations et des accaparements. Mais il est toujours vrai de dire que ces crises ne sont que momentanées, et que le numéraire se renouvelle constamment par la loi de la supériorité des productions sur la consommation.

Réserve en caisse.—Ordinairement une banque soutient une circulation de billets formant le triple de sa réserve en caisse. Cette réserve se compose des fonds appartenant à la banque, et des fonds déposés par les particuliers. Ces règles, généralement adoptées en Europe, ont été profondément modifiées pour les Banques coloniales. L'émission des coupures a été limitée au double de l'encaisse, et le numéraire en dépôt a été exclus de la réserve.

Cette innovation a été commandée par un louable sentiment de prudence; les esprits judicieux doivent trouver dans cette nouvelle garantie un argument favorable à l'émission des petites coupures.

Engagements sur récoltes. — Les banques, dans les colonies, ne sont réellement utiles qu'à l'agriculture. Le commerce est en général capitaliste; il prête à l'habitant; s'il puise à la banque, au moyen de son crédit, il n'agit que comme intermédiaire; or, c'est cette intervention qu'il s'agit de remplacer par l'action directe de la part du planteur. Les charges imposées à l'agriculture par le commerce sont idéales; en voici le détail :

1° Intérêts, presque toujours à douze pour cent, sur la somme prêtée;

2° Commission d'avances, de deux et demi pour cent, sur la même somme ;

3° Obligation de la part de l'emprunteur de livrer au prêteur tout ou partie de la récolte sur laquelle il est perçu une commission de deux et demi pour cent, non compris le droit du courtier,—seul droit que paierait le planteur s'il était libre. — Le plus souvent, le commerce local qui agit pour le compte des armateurs oblige le planteur à expédier ses denrées en France; cette dernière opération donne lieu, au profit du consignataire du port d'armement, à une nouvelle commission, le ducroire compris, répondant à plus de six pour cent sur le produit net de la vente.

Voilà à quel prix le colon obtient des avances!

Eh bien! les prêts sur récoltes ont pour objet de l'affranchir de ces charges que la commission parlementaire a qualifiées de « conditions désastreuses introduites par le besoin des colons, l'avidité » des prêteurs, et la rareté extrême des moyens de crédit aux colonies. » (Rapport, p. 23).

Si l'agriculture et l'industrie métropolitaines s'étaient trouvées ainsi pressurées, s'élèverait-il une seule voix contre l'adoption de mesures propres à faire cesser ce servage financier? Cependant la commission parlementaire n'a pas hésité à se prononcer contre le système que nous venons d'indiquer; elle s'est laissée dominer par l'appréhension de difficultés pratiques imaginaires que le conseil d'État a méconnues en déclarant « que le système du gouvernement » lui paraissait d'une application facile dans les colonies dont l'é-

» tendue est restreinte, où les différents domaines sont connus, quant
» à leur production annuelle, où la moralité et la solvabilité des
» propriétaires peuvent être facilement appréciées. »

Nous nous réservons de démontrer, suivant l'expression du gouvernement, que : « le prêt sur récoltes est *toute la banque coloniale*,
» que si cette opération n'existe pas, cette institution serait *une*
» *dangereuse superfluité.* » Et : « que l'opinion dirait aux colonies
» qu'elle est *une iniquité.* » (P, 40 de l'Exposé des motifs).

Mais il est nécessaire de faire précéder cette démonstration d'un
examen rapide des motifs sur lesquels la commission appuie sa ré-
sistance.

Ces objections, qu'on ne le perde pas de vue, sont présentées à
une assemblée législative toute puissante, appelée à édicter des lois,
dont les attributions ne sont pas, comme celles de l'autorité judi-
ciaire, restreintes au simple rôle d'interprètes. Cette assemblee
modifie les lois qui froissent l'intérêt général. Loin de nous la pensée
de provoquer des dérogations aux principes fondamentaux du droit
qui font la garantie des sociétés ; mais il s'agit ici de tout autre chose.

La commission reconnaît que les prêts sur récoltes sont indispensables ; elle constate « l'utilité, la nécessité même d'établir des
» Banques de circulation : *à toutes les époques et sous tous les régi-
mes, les colonies*, dit-elle, *ont souffert de l'insuffisance des capitaux.*»
» (Rapport de la commission). Mais elle ajoute que : ces prêts doi-
« vent avoir lieu sur gages et consignations *de récoltes réalisées.* »

Nous serions d'accord avec la commission, si le moyen qu'elle
propose était de nature à remédier, même en partie, au mal qu'elle
signale dans toute sa profondeur ; mais, par une étrange confusion
des lois de l'industrie, elle déplace le moment suprême où le besoin
du crédit se fait sentir pour le porter à une époque où ce crédit
est à peu près inutile. En effet, le cultivateur n'a besoin de fonds
que pour sa faisance valoir, et pour réaliser la récolte ; les prêts
aux conditions désastreuses, l'avidité des prêteurs, dont parle l'honorable rapporteur de la commission, s'exercent pendant la partie
de l'année qui précède la récolte, et qu'on appelle l'entre-coupe.
C'est donc pendant cette période critique, mais pendant cette période seulement, que les emprunts sont indispensables.

Que les adversaires des prêts sur récoltes le sachent bien ! Les
produits réalisés ne sont plus au pouvoir des planteurs ; ils sont
forcément engagés au profir des prêteurs, on sait à quelles conditions.

La commission doute qu'il soit possible d'obliger le planteur à
appliquer, spécialement à la faisance valoir, les avances obtenues,
lorsque surtout ces avances seront faites à un habitant obéré. Elle
craint également les éventualités auxquelles les Banques seraient

exposées par les incendies, les ouragans ou le défaut de réussite
des cultures.

Qu'on nous permette de dire que ce sont là des détails au dessous du grave sujet que l'Assemblée est appelée à traiter. Ces considérations, qui ont une valeur incontestable, éveilleront la solli-
citude de l'administration des Banques, et susciteront des mesures
sévères et intelligentes; mais elles n'altèrent pas les principes d'un
système des prêts en lui-même. Pour ne citer qu'un exemple de
l'exagération des craintes de la commission sur ce point, et prenant
de préférence l'hypothèse des accidents atmosphériques, nous
dirons que dans les années les plus calamiteuses qui aient frappé
les colonies, leurs revenus ne sont jamais descendus au-dessous
de 40 millions, chiffre infiniment supérieur à celui que pourraient
atteindre les prêts sur les récoltes. L'incendie même n'aura qu'un
effet limité sur les garanties; on sait que les champs de cannes sont
disséminés, et qu'il est facile de se rendre maître du feu qui laisse
encore dans ce roseau une grande partie de son jus.

La connaissance que nous avons des localités nous permet d'es-
pérer que ces prêts atteindront rarement le quart de l'estimation
du produit.

L'administration des Banques s'assurera de l'état des cultures,
des besoins réels du planteur; et, s'il est nécessaire, les avances
devront avoir lieu sur comptes courants, avec faculté d'opérer di-
rectement le paiement des salaires et des fournisseurs. Lorsqu'il
s'agit de sauver des populations entières, gravement compromises
par un fait exceptionnel qu'elles n'ont pas provoqué, on ne saurait
s'arrêter devant des obstacles secondaires.

Ce mode d'opérations n'est pas destiné à se perpétuer; il dispa-
raîtra lorsque les colonies auront repris leur état normal.

La plus grave objection faite au prêt sur récoltes résulte de ce
qu'il est de l'essence du gage que l'objet sur lequel il porte sorte
de la possession du débiteur, pour passer dans celle du créancier ou
d'un tiers détenteur. Ce principe a passé du droit ancien dans l'art.
2076 du code civil; mais en quoi la modification de l'art. 2076, est-
elle contraire à la loi? Cette dérogation autorisée par les vraies
doctrines est dans la sphère des pouvoirs du législateur. La dépossession du débiteur n'est exigée que pour un seul motif, la jurisprudence n'en connaît pas d'autre : *la garantie des tiers* qu'on a voulu
préserver de la mauvaise foi du débiteur avec lequel ils traitent, sur
l'apparence d'un mobilier qui cependant aurait pu être engagé par
un nantissement, dont aucun signe n'aurait indiqué l'existence.

Cette erreur est-elle possible à l'égard d'une récolte dont l'aliénation est rendue publique par la transcription du contrat? Au-

jourd'hui, la dépossession du débiteur constitue une formalité, la seule susceptible de prévenir les abus de confiance ; mais cette formalité n'a pas un caractère tellement sacramentel, qu'on ne puisse pas le remplacer par des mesures équipollentes. On peut donc lui substituer tout système propre à produire le même effet. Le moyen indiqué dans le projet de loi réalise ces conditions et répond, d'une manière ingénieuse, à l'esprit des lois sur le nantissement et au besoin de la situation coloniale.

La question qui se rattache au priviléges des banque a peut-être été déplacée de son véritable siége. Il s'agit moins ici d'un gage que d'un privilége placé à la suite des articles 2101 et 2102. Ce privilége n'est pas précisément un droit nouveau, il est la consé· quence de l'art. 2095 et résulte de la qualité de la créance; en conséquence il n'aura pas absolument le même sens que celui résultant du nantissement qui n'admet aucun concours, pas même celui des créances énumérées à l'art. 2101, mais il atteindra le but qu'on se propose.

Sans contester la justesse des observations générales de la commission, sur la nature immobilière des récoltes pendantes par racines, nous espérons concilier les principes du droit à cet égard avec la théorie du projet de loi.

Dans la distinction des biens en meubles et immeubles, il a fallu assigner une place aux récoltes; cette place ne pouvait être que transitoire, la récolte étant destinée à se séparer du sol : C'est ainsi que d'immeuble qu'elle est qualifiée par l'art. 520. C. c. elle est considérée comme meuble, six semaines avant l'époque ordinaire qui précède la maturité des fruits; l'art. 626, C. p. la rend susceptible de saisie-brandon, de vente et de distribution mobilières; (art. 635. C. p.). Le droit du créancier hypothécaire est donc éventuel sur les récoltes, en conséquence le privilége des banques n'atteint pas le droit des tiers.

De quoi se plaindrait-on ? l'engagement de la récolte, pour être valable, doit être contracté à une époque où le débiteur a la disposition de ses biens; c'est-à-dire, avant la saisie des fruits pendants par racines, ou avant la notification de la saisie immobilière; à ce moment le planteur était en droit de vendre et de recevoir le prix de ses récoltes (1). Le contrat passé avec les banques a un caractère bien autrement solennel.

---

(1) Nous nous sommes abstenu de traiter la question des ventes de récoltes à livrer pour éviter un examen long et fatigant. Cette question, l'une des plus controversées du droit, est désormais résolue par la cour suprême dans le sens que nous venons d'indiquer.

En résumé, que les fruits soient considérés comme meubles ou comme immeubles, ils pourraient être encore frappés, en vertu de l'art. 2104, du privilége des Banques, résultant des frais avancés pour leur conservation.

Dans l'ordre pratique, et en cas de saisie immobilière, la simultanéité des droits entre les créanciers hypothécaires et le privilége des comptoirs ne peut créer de difficultés sérieuses. L'action en ventilation, exercée par les Banques, séparerait les intérêts et les classerait convenablement. Il faut le dire, ces hypothèses se présenteraient rarement, si les prêts sur récoltes n'étaient consentis que dans la période de six mois qui précède la coupe. Ce délai suffirait aux besoins de l'habitant.

Dans toutes les colonies, la création des Banques est attendue avec une vive impatience, comme l'expression d'une nécessité pressante; et pourtant, si les prêts sur récoltes étaient repoussés, les colons n'en voudraient pas. Que leur importerait une institution dont ils ne pourraient pas user? Une expérience récente ne les a que trop éclairés à cet égard.

Un comptoir d'escompte, dans des conditions semblables à celles préconisées par la commission parlementaire, a été établi à l'île Bourbon en 1849. Malgré l'abaissement du taux de l'intérêt à 6 0[0, ce comptoir n'a été accessible qu'au commerce. Ses opérations ont été si bornées que sa liquidation est à peu près certaine. Voici le résumé de sa situation.

Le capital livré à la circulation se compose de 8,608 bons formant deux millions.

Au 31 décembre 1850 l'actif en caisse était de 1,11,166 fr. 77 c. dont 1,579.560 fr. 77 c. en numéraire et 51,600 fr. en bons.

Le porte-feuille ne s'élevait qu'à 966,478 fr. 97 c. en 169 effets.

Ainsi ce comptoir présente une encaisse en numéraire et sans emploi de près du double de ses effets à recouvrer.

Quant au mouvement de la caisse, il n'a été que de 2,849,848 fr. 12 c. pendant le semestre, soit 5,699,696 fr. 24 par an. Or, la commission parlementaire déclare que chacune des banques coloniales est destinée à faire face à un mouvement de vingt millions. La différence entre ces vingt millions qui sont l'hypothèse, et les 5,699,696 qui font la vérité mathématique, parle assez haut pour nous dispenser de toute autre réflexion.

Le gouvernement a exprimé son opinion sur la moralité du fait qui obligerait les colons à consacrer une partie de leur indemnité à la fondation de banques ouvertes au commerce et fermées au planteur; la commission a cru pouvoir répondre, par des distinctions subtiles et fausses, à une objection grave et de haute équité. Voici

comment elle s'exprime : « Il faut bien s'entendre sur ce point, que
» les banques coloniales sont fondées avec le capital du planteur.
» Cela est vrai, en ce sens, que le capital des banques se forme au
» moyen d'un prélèvement sur l'indemnité. Mais il ne faut pas
» oublier que la loi de 1849 ne s'est pas bornée à prescrire ce pré-
» lèvement, dont le montant ne pouvait pas dépasser 12 millions,
» et n'en atteindra pas 10 ; elle a en même temps élevé à 120 mil-
» lions immédiatement payables l'indemnité qui, aux termes du
» projet primitif, ne devait être que de 90 millions payables en
» longues annuités. *Et il est évident que, dans la pensée de l'As-*
» *semblée constituante, l'institution des banques a été une des*
» *conditions, si ce n'est du vote de l'indemnité, au moins de l'é-*
» *lévation de son chiffre* En ce sens la création de ces banques
» destinées à être utiles à toute la population coloniale, est loin
» d'avoir été un sacrifice pour les propriétaires indemnisés. »
(p. 36 et 37).

Ainsi les banques coloniales seraient fondées avec un capital
dont la France a fait un don gratuit aux Colonies ! En vérité nous
voudrions avoir assez de raison pour nous abstenir de répondre à
un pareil argument.

Une évaluation faite par un ministre, et repoussée par l'Assemblée nationale comme indigne d'un grand peuple, peut-elle servir
de base à une argumentation aussi hardie ? Oublie-t-on que le
ministre qui a proposé de borner l'indemnité à 90 millions a af-
firmé résolument, si nos souvenirs sont exacts, que la France
ferait banqueroute si elle s'engageait pour un centime de plus. Les
50 millions d'augmentation ont été votés, et le sinistre pronostic ne
s'est pas réalisé.

Nous ne saurions le proclamer assez haut, le chiffre de 120 millions ne constitue pas la moitié du prix de revient des noirs éman-
cipés. Nous n'avons jamais douté que dans un avenir plus prospère
pour notre patrie, la France ne complète d'une manière équitable
une indemnité restée trop au dessous de la vérité !

Caractère socialiste attaché au projet de loi. — La commission
exprime la crainte que le système proposé par le gouvernement ne
donne à tous venants comme une espèce *de droit au crédit* sur les
banques coloniales. Dans l'état d'excitation des esprits sur tout ce
qui ressemble au socialisme, on ne pouvait mieux dépopulariser
une mesure si inoffensive en elle-même. Et qui donc a songé à ac-
corder à tout venant, et même à tout planteur, un droit au crédit ?
L'admission des demandes de crédit ne doit-elle pas être précédée

d'amples renseignements sur la situation et la moralité du planteur, et sur l'état des récoltes ?

Ces expressions : *droit au crédit,* présentées sous une forme menaçante, nous laissent sous une pénible impression. Sans vouloir user de représailles, n'avons-nous pas plutôt le droit de dire que le germe du socialisme est dans *cette association forcée* à laquelle on soumet les colons ? Que le développement de ce germe est dans *l'emploi que l'on fait, sans leur volonté, d'une portion de leurs capitaux* en vue de l'intérêt général ? Qu'enfin, *l'exclusion des bailleurs de fonds des opérations des Banques* serait une iniquité, ainsi que l'a sévèrement déclaré le gouvernement.

Agence centrale à Paris. — Les colons doivent adopter tout ce qui tend à les affranchir des charges qui les grèvent. L'organisation d'une agence spéciale, chargée de liquider en France les opérations intervenues dans les colonies entre les Banques et les planteurs, réduirait considérablement les frais dont nous avons déjà parlé.

Cette mesure, pour inspirer la confiance qui lui est nécessaire, doit être prise avec le concours du gouvernement.

L'agglomération des intérêts privés dans les mains de l'agence, et ses rapports avec la Banque de France, où viendront se dénouer beaucoup d'opérations, en feront une institution préférable à tous égards au double mandat conféré à des correspondants particuliers disséminés dans les diverses places maritimes, et dont les intérêts croisent le plus souvent ceux de leurs mandants !

Il arrive quelquefois que, dans des moments de crise, les denrées exotiques sont sans demande ; la nécessité d'acquitter les traites auxquelles elles servent de provision oblige le consignataire à les exposer à toute vente. L'agence centrale pourvoira à ce grave inconvénient ; par sa situation particulière elle préviendra un autre danger en dirigeant immédiatement dans les coffres de la Banque de France les capitaux que les Banques coloniales réaliseront. Et qui sait si ces relations qui doivent accréditer et populariser ces nouvelles institutions financières n'en provoqueront pas un jour le convertissement en succursales de la Banque de France ? Solution d'autant plus désirable qu'en faisant disparaître la tache imprimée au vote de l'indemnité par l'art. 7 de la loi du 30 avril, elle a l'avantage de développer l'unité nationale.

Nous ne pouvons entrer dans les détails d'organisation de cette agence. Toutefois ses attributions doivent être définies par la loi, et bornées a un mandat consistant à *suivre les opérations* sans pouvoir *en nouer.* L'agence ne doit avoir aucun maniement de fonds, mais elle surveillera les paiements et les rentrées.

- On sait de quel crédit jouit en Europe le grand établissement colonial privilégié, connu sous le nom de *Colonial Banck*, fondé dans les Indes Occidentales anglaises par des capitalistes d'Angleterre ; le foyer de cet établissement et de l'émission de ses billets de circulation est à la Barbade ; mais il a en Europe une agence connue sous le nom *d'Office de Londres*, chargée de suivre toutes les opérations des colonies qui viennent se résoudre en Angleterre. Sans vouloir demander pour nos colonies une organisation identique, à laquelle nous ne pouvons prétendre à cause de la différence des éléments et de l'origine des fondations, nous croyons devoir ambitionner la même centralisation d'action pour ce qui concerne les relations métropolitaines.

· L'agence releverait de l'administration des Banques coloniales, et serait placée sous la surveillance du ministère de la marine.

· Cette institution serait incomplète, ou du moins ne donnerait pas à sa délicate mission toute l'autorité nécessaire, si elle n'était pas fortifiée par un comité qu'elle serait tenue de consulter, et auquel elle soumettrait l'examen de ses actes. Ce comité serait présidé par un conseiller d'Etat que désignerait le président de la République, et composé de six autres membres : le directeur des colonies, l'administrateur de l'agence centrale, quatre personnes choisies par l'administration des Banques de chacune des colonies, à défaut de d'indication en temps utile par le ministre de la marine.

Les frais de l'agence ne doivent pas être supportés uniquement par les Banques coloniales. Les planteurs, pour le compte desquels les opérations auront été faites, et qui auront profité de son intervention, doivent y participer par un prélèvement de 1|4 0|0 sur le le produit net des réalisations.

Taux de l'intérêt. — L'intérêt est un fruit civil de la propriété ; sous ce rapport il est aussi sacré que la propriété elle-même. Toutefois des considérations d'un ordre élevé ont déterminé le législateur à régler l'exercice de ce droit, à le subordonner, autant que possible, aux lois de la production foncière et de l'industrie , combinées avec le concours que leur prête l'argent.

Ainsi le taux de l'intérêt est de sa nature variable ; lorsqu'il n'est plus en rapport avec les conditions économiques auxquelles il est subordonné, le législateur doit le modifier. Ecoutons une grave autorité sur cette question : « Le taux excessif de l'intérêt de l'argent attaque la propriété dans ses fondéments ; il mine l'agriculture ; empêche les propriétaires de faire des améliorations utiles ; il corrompt les véritables sources de l'industrie ; par la pernicieuse facilité de procurer des gains considérables , il détourne

15

» les citoyens des professions utiles et modestes ; enfin il tend à
» ruiner des familles entières, et à y porter le désespoir.

» Le commerce lui-même est bien loin de réclamer une excep-
» tion à ces principes. Les négociants honnêtes savent que cette
» source féconde de la prospérité des nations n'est utile qu'autant
» qu'elle porte sur des opérations naturelles. Si le commerce se
» livre à des spéculations d'intérêt, il s'écarte de sa route, et finit
» par arrêter les progrès de l'industrie. »

Lorsque Joubert prononçait ces mémorables paroles sous l'em-
pire, il savait que les conventions sont presque toujours faites sur
le cours de l'intérêt, et que les modifications qui y sont apportées
peuvent produire une certaine perturbation ; mais le législateur
jugeait que cet inconvénient n'égalait pas le danger de maintenir,
dans le cours de l'argent, une faveur hors de toute proportion,
susceptible de ruiner l'agriculture et l'industrie.

Les lois romaines, et notre propre droit, en remontant à ses sources les plus reculées, nous fournissent des exemples multipliés à
cet égard. Sans vouloir prendre les choses de trop haut, nous te-
nons à constater les variations du taux de l'intérêt en France. Sur
la fin du règne de Louis XV, le taux de l'intérêt était défini-
tivement fixé à 5 p. $^{o}/_{o}$ par un édit de 1770 abrogatif de l'édit de
1766 ; le 2 octobre 1789, l'Assemblée constituante autorisait la sti-
pulation de l'intérêt, suivant le taux déterminé par la loi, sans rien
innover aux usages du commerce ; la loi du 11 avril 1793 déclara
l'argent marchandises. Le retour des idées aux principes d'organisation sociale, produit par l'événement du 18 brumaire, ne tarda
pas à ramener le droit de la fixation du taux de l'intérêt dans le
domaine de la loi. Ce principe passé dans l'art. 1907 1 a reçu son
complément nécessaire par la loi du 3 septembre 1807 qui l'établit
à 5 p. $^{o}/_{o}$ au civil et à 6 p. $^{o}/_{o}$ au commerce.

Dans les colonies, l'intérêt a toujours été porté à un taux élevé en
raison du besoin de favoriser le développement de la colonisation
et de faire affluer les capitaux sur ces régions éloignées. Les profits
quelquefois fabuleux réalisés dans ces îles, et leur ancienne con-
stitution politique pouvaient justifier ce système.

Le principe en vertu duquel le cours de l'intérêt est établi n'est
pas le même pour toutes les colonies ; ainsi aucune loi locale
spéciale n'a été publiée aux Antilles à cet égard : l'usage seul
répond aux principes de l'art. 1907 qui déclare que l'intérêt légal
est fixé par la loi, et que l'intérêt conventionnel ne peut excéder
celui de la loi. Cet usage consacré par la jurisprudence porte l'intérêt à 9 p. $^{o}/_{o}$ en matière civile, et à 12 p. $^{o}/_{o}$ en matière de com-

merce. — A l'île Bourbon au contraire cette délicate matière a été législatée par la promulgation de la loi du 3 septembre 1807. L'arrêté de promulgation, sous la date du 26 mars 1808, fixe comme aux Antilles le taux de l'intérêt à 9 p. °$|_0$ en matière civile, et à 12 p. °$|_0$ en matière de commerce.

L'acte d'émancipation et les faits qui l'ont préparé ont changé complétement la situation des colonies; elles sont dans un état de détresse qui réclame une prompte modification du taux de l'intérêt. Dans aucune circonstance les profondes pensées de l'orateur de l'empire n'ont pu être invoquées avec autant d'opportunité. Nous l'espérons, cette question fixera bientôt l'attention du gouvernement. Aujourd'hui, la présentation du projet de loi sur les Banques coloniales est une heureuse occasion de faire un premier pas vers ces idées: ainsi, en laissant à ces établissements le droit de fixer le taux de l'intérêt, il nous semble que l'Assemblée législative devrait déterminer un chiffre maximum de 7 0$|$0. Le commerce des colonies gagnera aussi à ce nouveau régime car, suivant l'expression de Montesquieu « pour que le commerce puisse bien se faire » il faut que l'argent ait un prix, mais que ce prix soit peu consi- » dérable.» Les négociants honnêtes qui composent en grande partie le commerce des colonies aspirent à rentrer dans leur véri- table domaine, c'est-à-dire dans les opérations naturelles de leur profession : ils déplorent comme nous le système d'oppression qui frappe l'agriculture; ils en sont souvent victimes par la ruine du planteur.

En terminant son rapport sur la délicate matière dont nous ve- nons de nous occuper, la commission parlementaire a bien appré- cié la situation des choses en disant que : « la loi sur les Banques » coloniales était attendue aux colonies avec une juste impatience, » *comme une mesure à la fois réparative des malheurs passés, et* » *pleine d'avenir.* » Mais qu'on y prenne garde : il s'agit ici d'une mesure suprême; bien combinée elle peut servir et sauver le culti- vateur; que si l'Assemblée législative se laisse dominer par des théories abstraites, auxquelles les habitudes et les exigences des lo- calités ne peuvent pas se prêter d'une manière absolue, elle aurait mis dans les mains du capitaliste un nouvel instrument d'oppres- sion contre la faiblesse relative de l'industrie agricole!

Paris, 12 mai 1851.

CH. FERY DESCLANDS.

Paris. — Imp. de Moquet, 90, rue de la Harpe.